HUNDERTWASSERHAUS

W I E N

Ein Bilderbuch
über ein außergewöhnliches Haus

HUNDERTWASSERHAUS

V I E N N A

A photo album of a unique house

Der Meister

The Master

Stowasser	Stowasser	STOWASSER
Fritz	Fritz	FRITZ
Friedrich	Friedrich	FRIEDRICH
Friederich	Friederich	FRIEDERICH
Friedereich	Friedereich	FRIEDEREICH
Friedenreich	Friedenreich	FRIEDENREICH
Hundertwasser	Hundertwasser	HUNDERTWASSER
Friedensreich	Friedensreich	FRIEDENSREICH
Regentag	Regentag	REGENTAG
Dunkelbunt	Dunkelbunt	DUNKELBUNT

INHALT

CONTENTS

Liebe Ökologie–Freunde,

in diesem Buch finden Sie die bereits in die Praxis umgesetzte natur- und menschengerechtere Architektur von Friedensreich Hundertwasser.

Eine seltene Freude für ökologiebewußte Menschen und ein anschauliches Beispiel natur- und menschengerechten Bauens.

Ing.Harald Böhm Peter M.Böhm

Haus Information
im HundertwasserHaus

Dear Friends of the Environment,

This book contains pictures of Friedensreich Hundertwasser's finished architectural projects, which create greater harmony between man and nature.

A rare gem for the ecologically aware and a vivid example of building techniques which represent great improvements for both man and nature.

Ing. Harald Böhm Peter M. Böhm

Information office
in the HundertwasserHaus

Der Meister

The Master

FRIEDENSREICH HUNDERTWASSER

Schon in den fünfziger Jahren setzte er sich mit seinen Manifesten gegen den Rationalismus in der Architektur und für eine natur- und menschengerechtere Architektur ein. Mit zahlreichen Demonstrationen, Aktionen und später mit Modellen hat er seinen Anliegen Ausdruck verliehen.

In den achtziger Jahren haben einige von Meister Hundertwasser realisierte Projekte internationale Aufmerksamkeit hervorgerufen und eine Architekturdiskussion in Gang gesetzt, so z. B. das Wohnhaus in der Kegelgasse, die Umgestaltung der St.Barbara Kirche in Bärnbach (Steiermark), das KunstHausWien, die Umgestaltung der Müllverbrennungsanlage Spittelau und vieles andere mehr.

Friedensreich Hundertwasser, 1928 in Wien geboren, Maler, Architekt und Ökologe, kämpft leidenschaftlich für ein Leben in Harmonie mit der Natur.

FRIEDENSREICH HUNDERTWASSER

As early as the 1950s, he wrote manifestos against rationalism in architecture. Numerous demonstrations, events and models emphazised his concerns.

In the 1980s, some of Master Hundertwasser's finished projects attracted international attention and initiated a discussion of architecture. These works include the apartment building on Kegelgasse; the reconstruction of the Church of St. Barbara in Bärnbach, Styria; the KunstHausWien; the reconstruction of the Spittelau garbage incineration plant and others.

Friedensreich Hundertwasser, born in Vienna in 1928, is a painter, architect, ecologist and passionate fighter for an architecture in harmony with nature and the individual creativity.

Auszüge aus den Hundertwasser-Manifesten

Das Fensterrecht

Ein Mann im Mietshaus muß die Möglichkeit haben, sich aus seinem Fenster zu beugen und – so weit seine Hände reichen – das Mauerwerk abzukratzen. Und es muß ihm gestattet sein, mit einem langen Pinsel – so weit er reichen kann – alles rosa zu bemalen, sodaß man von weitem, von der Straße, sehen kann: Dort wohnt ein Mensch!

SECKAU 1958

Deine Baumpflicht

Freie Natur muß überall dort wachsen, wo Schnee und Regen hinfallen, wo im Winter alles weiß ist, muß im Sommer alles grün sein. Was waagrecht unter freiem Himmel ist, gehört der Natur. Straßen und Dächer sollen bewaldet werden. In der Stadt muß man wieder Waldluft atmen können. Das Verhältnis Mensch – Baum muß religiöse Ausmaße annehmen. Dann wird man auch endlich den Satz verstehen: Die gerade Linie ist gottlos.

DÜSSELDORF, 27. 2. 1972

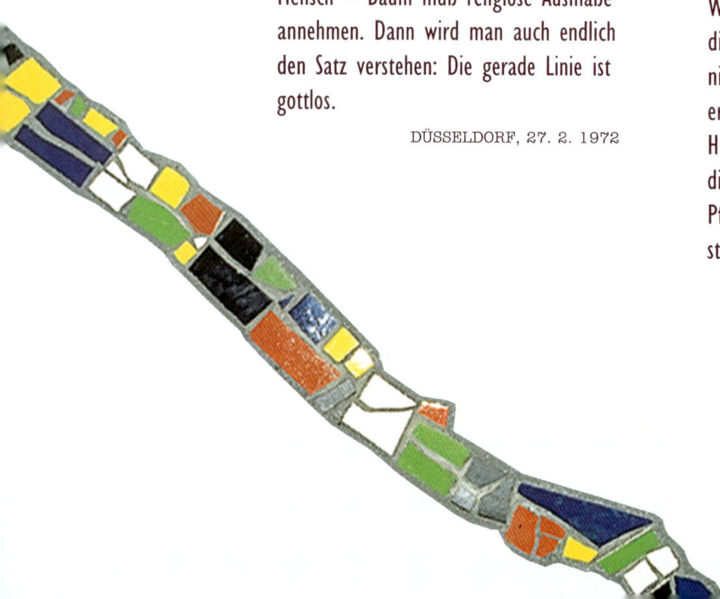

Der unebene Boden

Die Menschen haben nicht nur Augen um sich an Schönem zu erfreuen und Ohren um Schönes zu hören und Nasen um Schönes zu riechen. Der Mensch hat auch einen Tastsinn für Hände und Füße. Als wahre Gefahr für den Menschen wird jedoch der geradlinige, ebene Fußboden erkannt.
Der unebene Wandelgang wird zur Symphonie, zur Melodie für die Füße. Der Wandelgang bringt den ganzen Menschen in Schwingung.

WIEN, 12. MÄRZ 1985

Die Skyline

Die schnurgerade, tote Skyline ist ein unrühmliches Erbe des Bauhauses: Wenn die Grenze zwischen Erde und Himmel, quasi der Übergang von Mensch zu Gott, ermordet ist durchs Lineal, so sind auch alle Brücken abgebrochen zwischen den Menschen und Höherem.

WIEN, 1985

Die dritte Haut

Der Mensch hat drei Häute, eine Eigene, seine Kleidung und seine Behausung. Alle diese drei Häute müssen sich erneuern, ständig wachsen und wandeln. Wenn aber die dritte Haut, das heißt, die Außenwände seiner Wohnung, sich nicht auch wandelt und wächst, wie die erste Haut, dann erstarrt sie und stirbt. Häuser sind wachsende Gebilde so wie die Bäume. Häuser wachsen wie Pflanzen, leben und wandeln sich ständig.

WIEN, 1985

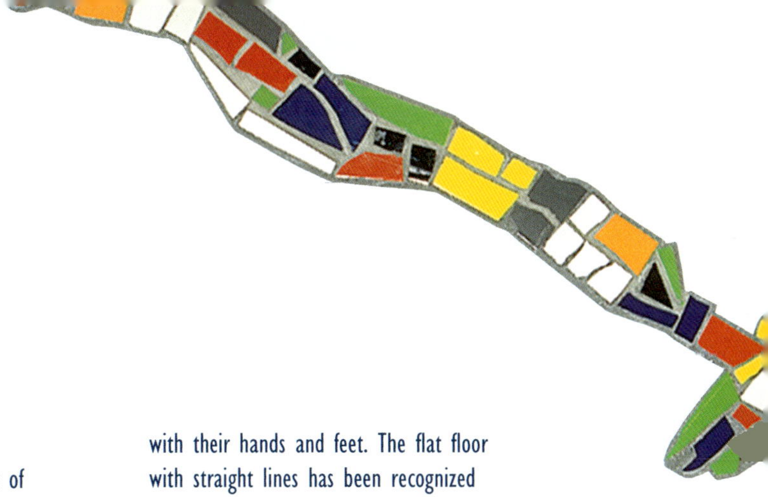

Excerpts from the Hundertwasser manifestos

The 'window right'

Renters must be able to lean out of their windows and scratch off all the plaster within reach. And they must be permitted to paint everything pink within reach of a long brush so that it can be seen from a distance, from the street, that a human lives there!

SECKAU, 1958

Your duty to the trees

Nature must grow undisturbed wherever rain and snow fall; whatever is white in winter must be green in summer. Whatever grows horizontally under an open sky is part of nature. Streets and roofs should be covered with trees. People must be able to breathe forest air in the cities again. The relationship between man and tree must take on religious dimensions. Only then will this sentence be understood: A straight line is godless.

DUSSELDORF, 2/27/72

The uneven floor

Humans have more than just eyes to enjoy beautiful things and ears to hear beautiful sounds and noses to smell beautiful smells. Humans can also feel with their hands and feet. The flat floor with straight lines has been recognized as a real danger to humans.
The uneven path becomes a symphony, a melody for the feet. This path makes one vibrate with joy.

VIENNA, 3/12/85

The skyline

The straight, dead skyline is the unfortunate heritage of Bauhaus: When the border between heaven and earth, the bridge, so to speak, between man and god is killed by the straight edge, all that links man to higher things will be destroyed.

VIENNA, 1985

The third skin

Man has three skins: the actual skin, clothing and the walls of his dwelling. Each of the three skins must renew itself; it must constantly grow and change. When the third skin, when the walls of his living space, does not change and grow as the first skin does, it will become rigid and die.
Houses are growing beings just as trees are. Houses grow as plants do; they live and change constantly.

VIENNA, 1985

Ein Maler träumt von einem schönen Haus und einer schönen Architektur, in der der Mensch frei ist. Dieser Traum wurde im Jahre 1983 Wirklichkeit.

„Das Haus ist nicht mit normalen Maßstäben zu messen. Denn es soll in dem Meer von rationellen Häusern eine Oase für Menschlichkeit und für die Natur sein. Es soll die Sehnsucht der Menschen nach Romantik verwirklichen.“

FRIEDENSREICH HUNDERTWASSER
19.9.1980

Über das HundertwasserHaus ist weltweit schon sehr viel geschrieben worden. Es gibt kaum ein Wohnhaus auf dieser Welt, über das so viel und intensiv diskutiert wurde. Für die einen ist das HundertwasserHaus ein Skandal, eine Nachahmung des spanischen Architekten Antoni Gaudí, für die anderen jedoch ein Meisterwerk, ein Märchenschloß des 20. Jahrhunderts.
Ziel dieser Broschüre ist es, eine Darstellung der Entstehung eines ungewöhnlichen Bauprojektes unserer Zeit zu geben. Die vielen detaillierten Informationen und Illustrationen sollen dazu beitragen, die Botschaft Hundertwassers transparent werden zu lassen.

A painter dreams of a beautiful house and beautiful architecture in which man is free. This dream became reality in 1983.

“The building cannot be measured by normal standards. It should be an oasis for humanity in a sea of rationally constructed buildings. It should fulfill man’s longings for romanticism.”

FRIEDENSREICH HUNDERTWASSER,
9/19/80

Throughout the world, a great deal has already been written about the HundertwasserHaus. There is hardly another building anywhere which has been the subject of such intense discussion. To some, the Hundertwasser-Haus is a scandal, an imitation of the Spanish architect Antoni Gaudí’s work; to others, this building is a masterpiece, a magic castle in the 20th century.
The object of this brochure is to describe the birth of a unique contemporary construction project. The abundance of detailed information and illustrations should help to explain Hundertwasser’s message.

„Reiche und Mächtige hatten immer schon Türme. Ein goldener Zwiebelturm am eigenen Haus erhebt den Bewohner in den Status eines Königs.“

FRIEDENSREICH HUNDERTWASSER

Ein kostbares, fast königliches Haus ist entstanden.

Seit Gaudís Tod hat es der heutigen Bauweise an erfreulichen Fassaden gefehlt (vgl. Harry Rand, Friedensreich Hundertwasser, Benedikt Taschen Verlag, Köln 1991, S. 211). Der Außenputz dieses fast königlichen Hauses ist durch und durch gefärbt. Wind und Wetter können daher den Farben fast nichts anhaben. Meister Hundertwasser wollte unbedingt die händische Herstellung und Verarbeitung des verwendeten, gefärbten Verputzes. Ebenso von Hand gefertigt wurden zahlreiche, mit viel Phantasie gestaltete Motive, welche überall am Haus zu erkennen sind. – Egal, ob es sich um Fliesenbänder, verkehrte Kegel oder um Säulen handelt. Ein Geflecht aus bunten Fliesen belebt die Fassade mit einem Luxus, der in früheren Zeiten mit fürstlichem Gepränge verbunden wurde.

"The rich and powerful have always had towers and domes. A golden onion tower on one's own house elevates the Resident to the status of a king."

FRIEDENSREICH HUNDERTWASSER

A splendid, an almost royal house has been built.

Since Gaudí's death, delightful facades have been missing from contemporary architecture (compare Harry Rand, Friedensreich Hundertwasser, Benedikt Taschen Verlag, Cologne 1991, page 211). The colours of this almost regal house's exterior plastering are quite intense. Wind and rain can do practically nothing to dim them. Master Hundertwasser insisted that the coloured plaster be handmade and applied manually. The same is true for the numerous imaginative decorations visible all over the house, which include bands of tiles, upside-down cones or columns. A fabric of colourful tiles enlivens the facade with a luxury previously associated with noble splendor.

„Wer die Vergangenheit nicht ehrt, wer seine Wurzeln vernichtet, kann nicht wachsen.“

FRIEDENSREICH HUNDERTWASSER

Da der ursprüngliche Charakter, welcher das Haus vor dem Umbau prägte, auch nach der Veränderung noch zu erkennen sein sollte, ließ Hundertwasser ein Fassadenstück des alten Hauses nachbilden – mit geraden Quadern und Rillen.

„Damit die Geister des alten Hauses in das neue Haus übersiedeln können, das ist mehr als ein Talisman, mehr als ein Aberglaube.“

FRIEDENSREICH HUNDERTWASSER

“Whoever fails to respect the past, whoever destroys his or her roots will be unable to grow.”

FRIEDENSREICH HUNDERTWASSER

Since a house’s distinctive, original character should still be recognizable after a reconstruction, Hundertwasser had a section of the old building’s facade reproduced – with straight ashlars and flutes.

“So that the old houses’ spirits could settle into the new house; that is more than a lucy-charm more than a superstition.”

FRIEDENSREICH HUNDERTWASSER

Das Haus ist in Ziegelbauweise gebaut, so wie nur ganz wenige in Wien. Für die sichtbar bleibenden Ziegelmauern der Dachterrassen wurden alte Vollziegel mit dem Kaiserwappen aus Abbruchhäusern verwendet. Die zahlreichen Mosaike am Haus wurden aus Fliesenabfall hergestellt.
Es bleibt zu hoffen, daß dieses Beispiel Schule macht. Das könnte etwa zur Folge haben, daß es eine ganze Reihe an Schuttplätzen in Wien und Umgebung weniger geben würde. Diese „geretteten“ Flächen könnten dann sogar wieder der Natur zurückgegeben werden.

Gebrauchte Ziegelsteine mit dem Kaiserwappen aus Abbruchhäusern für das HundertwasserHaus

Used bricks with the imperial coat of arms which were taken from demolished buildings for the HundertwasserHaus

The house was built with bricks, which is quite rare in Vienna. Used solid bricks with the imperial coat of arms were taken from demolished buildings and used for the bare brick walls on the roof terraces.
The numerous mosaics on its walls were made with waste tiles.
One can only hope that this example is imitated. That could greatly reduce the number of garbage dumps in and around Vienna. These 'rescued' places could then be given back to nature.

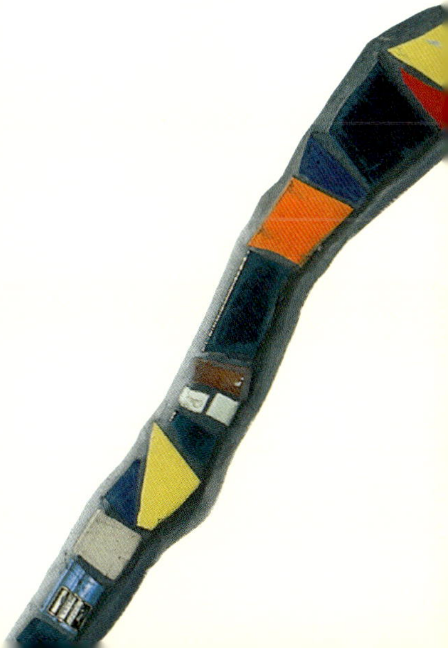

Ein wuchtiges, graues Gewölbe, das mit unregelmäßig verteilten, silberglänzenden Keramikstücken besetzt ist, verbindet zwei Hauptgebäudeteile miteinander und führt gleichzeitig zu den beiden Eingängen (vgl. HundertwasserHaus, Orac Verlag, Wien 1988, S. 49). Der große, parabolisch geschwungene Eingangsbogen erinnert an Antoni Gaudí (vgl. Harry Rand, Friedensreich Hundertwasser, Benedikt Taschen Verlag, Köln 1991, S. 210). Die Nützlichkeit jedes einzelnen Gebäudeteiles läßt im Vergleich dazu Gaudís Bauwerke überzogen und erzwungen erscheinen. Betrachtet man den Bogen genauer, kann man sehen, daß einige kleine Fenster – ganz unauffällig und kaum sichtbar – in den Bogen eingearbeitet

Hundertwasser übertrifft Gaudí

sind. Die graue Farbe an der Außenseite läßt erkennen, daß es sich um einen Gebäudeteil handeln muß, der von jedermann im Haus benutzt werden kann. Unmittelbar über dem Gewölbe befindet sich der Abenteuerraum für Kinder. Der Fußboden ist gewölbt und schwingt konvex in den Raum.

Hundertwasser outdoes Gaudí

An impressive gray arch decorated with unevenly distributed gleaming, silver ceramic fragments connects two main building sections and leads the way to the two entrances (compare HundertwasserHaus, Orac Verlag, Vienna 1988, page 49). The large parabolic arched entryways are reminiscent of Antoni Gaudí (compare Harry Rand, Friedensreich Hundertwasser, Benedikt Taschen Verlag, Cologne 1991, page 210). However, the utility of every part of the HundertwasserHaus makes Gaudí's buildings seem overdone and forced in comparison. When you examine this arch more closely, a few small windows, quite inconspicuous and barely visible, can be seen nesting inside the arch. The outer surface's gray color make it obvious that this is a part of the building which anyone can use. Just above the arch is the adventure room for children. The floor is arched and its convex shape curves into the room.

Die Bedeutung der Kegel und Löwen

Es blieb nicht dem Zufall überlassen, daß alle Löwenstatuen, die am Haus zu erkennen sind, in Richtung Löwengasse ausgerichtet sind. Ausgesprochen interessant ist die Kombination der beiden grundverschiedenen Materialien, die für die Verzierung ausgewählt wurden. Der Löwe besteht aus Stein, der Kegel hingegen wurde aus Ton gefertigt. Keramik ist dafür bekannt, eine sehr wohlige Atmosphäre zu schaffen.
Im Vergleich dazu wirkt Stein immer mächtig und kalt. Hundertwasser hat es ausgezeichnet verstanden, diese beiden Gegensätze miteinander zu kombinieren.

The meaning of the cones and lions

It is no accident that all of the house's statues of lions face Löwengasse (Lion Street). The combination of the two fundamentally different materials used in the decorations is particularly interesting. The lion is made of stone, and the cone is ceramic. Ceramics are known to create an extremely warm atmosphere. In contrast, stone always seems powerful and cold. Hundertwasser has done a magnificent job of combining these opposites.

„Die Säule ist ein wesentliches Element abendländischer Architektur. Bei einer Säule fühlt man sich wohl wie unter einem Baum.“

FRIEDENSREICH HUNDERTWASSER

Keine Säule am Haus gleicht der anderen. Ihre Ringe und Bäuche sind aus Keramik (vgl. HundertwasserHaus, Orac Verlag, Wien 1988, S. 48). Nur die wenigsten Säulen am HundertwasserHaus üben eine tragende Funktion aus. Das ist auch nicht die Aufgabe, welche den Säulen vom Meister zugedacht wurde. Vielmehr „unter“-stützen sie das Gefühl von Behaglichkeit und Wohlbefinden. Welches andere Adjektiv als „luxuriös“ könnte man wohl für eine Säule finden, die nicht stützt, außer dem Gefühl von Behaglichkeit und Wohlbefinden? Das Wort „luxuriös“ kommt übrigens aus dem Lateinischen und bedeutet soviel wie „überflüssig“. Es ist aber an und für sich bereits bedenklich, daß Wohlbefinden und Behaglichkeit – immerhin sind das Grundvoraussetzungen, die man an eine Wohnung stellt – heute ebenfalls als Luxus gelten. Hält unsere heutige Gesellschaft daher möglicherweise Wohlbefinden für überflüssig?

“The column is an important element in Western architecture. Standing next to a column feels good, just like being underneath a tree.”

FRIEDENSREICH HUNDERTWASSER

No two of the building’s columns are identical. The rings and bulges are made of ceramic (compare HundertwasserHaus, Orac Verlag, Vienna 1988, page 48). Only a few of the columns at the HundertwasserHaus actually bear weight. That was not the task which the Master intended for them. On the contrary, they do more to ‘uphold’ the feeling of comfort and well-being. What adjective other than ‘luxurious’ could be used to describe a column which enhances the feeling of comfort and well-being rather than holding up the house? The word ‘luxurious’ comes from Latin and more or less means ‘excess’. But is it not curious that comfort and well-being, which are basic qualities demanded of an apartment, are also considered luxuries today? Does our modern society consider comfort unnecessary?

„Die einen behaupten, die Häuser bestehen aus Mauern. Ich sage, die Häuser bestehen aus Fenstern!“

FRIEDENSREICH HUNDERTWASSER

Sehr auffallend ist auch die wie zufällig erscheinende Anordnung der Fenster, die allesamt nicht nur in der Farbe, sondern auch in ihrer Form und vor allem in ihrer Größe unterschiedlich sind. Insgesamt wurden am HundertwasserHaus dreizehn unterschiedliche Fenstertypen vom Meister ausgewählt. Dadurch wirkt das gesamte Fensterwerk von außen wie eine individuelle Maßarbeit. Alle Fenster wurden sonderangefertigt.

“Some people claim that buildings consist of walls. In my opinion, buildings consist of windows!”

FRIEDENSREICH HUNDERTWASSER

The seemingly random arrangement of the windows, which differ not only in colour but in shape and especially size, is quite striking. The Master chose a total of thirteen different window types for the HundertwasserHaus. As a result, the windows as a whole seem made to order from the outside. Each of the windows is one of a kind.

Die Bewohner haben das Recht, die Wände immer neu zu gestalten.

Inhabitants have the right to constantly add to or change their 'artwork' on the walls.

Ein „verbrieftes Fensterrecht" im Mietvertrag!

Der Meister hat sich dafür eingesetzt, daß jeder Bewohner des Hauses das Recht hat, sich aus seinem Fenster zu beugen und die Fassade des Hauses zu verändern, und zwar so, wie es ihm entspricht und so weit wie sein Arm reicht. Hundertwasser nennt dieses Recht auf freie Entfaltung das „Fensterrecht".

Dieses Fensterrecht ist in den Mietverträgen der Gemeinde Wien für das Haus enthalten. Es ist sehr interessant zu beobachten, daß sich seit Eröffnung des Hauses im Jahr 1985 nur zwei Veränderungen an der Fassade bemerken ließen. Die Mieter der Wohnungen verzichten großteils offensichtlich „freiwillig" auf das ihnen laut Mietvertrag zustehende Fensterrecht. Um dieses Recht geltend zu machen, benötigen die Mieter eine besondere Genehmigung der Gemeinde Wien.

In Wien XVII., Andergasse 20, demonstrierte F. Hundertwasser im Jahre 1972 das Fensterrecht.

At Andergasse 20 in Vienna's 17th district, F. Hundertwasser demonstrated the 'window right' in 1972.

The 'window right' guaranteed in your lease!

The Master made sure that all the building's residents were given the right to lean out of their windows and change the facade within arm's reach to suit them. Hundertwasser calls this right to free self-realization the 'window right'. This right is included in the city of Vienna's leases for the apartments. It is quite interesting that, since the building was opened in 1985, only two noticeable changes have been made to the facade. Apparently, the majority of occupants have 'voluntarily' waived the 'window right' in their leases. They require special authorization from the city of Vienna to exercise this right.

DVR. 0000191/043
0043 743

Fee paid pursuant to Art. 3, Para. 4, Fee Act of 1957 in accordance with the notification from the Tax Office for Fees and Commercial Tax, December 30, 1976, Item no. 536/76-1/76, registration no...

WELCOME TO THE HUNDERTWASSERHAUS

THE FIRST RESIDENTIAL BUILDING WITH THE 'WINDOW RIGHT'

L E A S E

concluded between the City of Vienna, represented by the Municipal Department 52, Administration of Municipal Residential and Office Buildings, represented by the GESIBA public stock corporation for development and construction, as the lessor and Mr./Ms . . . .
as the lessee, as follows:

I.

1.) The lessee rents from the lessor the apartment no. ________ staircase no. ________ in the HundertwasserHaus, Löwengasse 41-43/Kegelgasse 34-38, 1030 Vienna, Austria for an indefinite period of time. This rental property includes a cellar compartment and a garden terrace of . . . . m^2. (beginning of rental period: ___________)

2.) Only the interior of the rental property shall be rented. Furthermore, the lessee shall be entitled to exercise the 'window right' as defined in this quote from Hundertwasser:

> 'Renters must have the right to lean out of their windows and alter
> everything on the outer wall within arm's reach to suit them so that
> it can be seen from a distance, from the street, that a human lives there.'

The lessee shall have the right to alter in a creative way the outer wall belonging to his or rental property as far as his or her arm can reach. The lessee must however obtain the authorization of the Municipal Department 19 (Municipal Office of Construction) and the construction authorities. The lessee will be notified of the approved alterations.

The design of the HundertwasserHaus present at the lessee's move into the apartment shall not be listed for preservation.

As part of this 'window right', the lessee shall be entitled to alter the design of the HundertwasserHaus, as this design is solely the product of the preliminary exercise of the 'window right'.

DVR. 0000191/043
0043 753

Gebühr gemäß § 3,Abs.4 Gebührengesetz 1957, laut Bescheid des Finanzamtes für Gebühren und Verkehrsteuern vom 30.Dezember 1976, 71 536/76-1/76, entrichtet zu Nr. der Aufschreibung.

WILLKOMMEN IM HUNDERTWASSERHAUS

DAS ERSTE HAUS MIT FENSTERRECHT

M I E T V E R T R A G

abgeschlossen zwischen der Stadt Wien, vertreten durch die Magistratsabteilung 52, Verwaltung der städtischen Wohn- und Amtsgebäude, vertreten durch die GESIBA Gemeinnützige Siedlungs- und Bauaktiengesellschaft, als Vermieterin und
Herrn/Frau/Firma ....
als Mieter andererseits wie folgt:

I.

1.) Die Vermieterin vermietet und der Mieter mietet die Wohnung Stiege _____, top Nr._______ im Hundertwasserhaus, 1030 Wien, Löwengasse 41-43/Kegelgasse 34-38 auf unbestimmte Zeit. Zu diesem Mietobjekt gehört ein Kellerabteil, eine Gartenterrasse im Ausmaß von .... m². (Mietbeginn ab ___________)

2.) Vermietet ist nur der Innenraum des Mietgegenstandes. Der Mieter ist darüber hinaus zur Ausübung des "Fensterrechtes" berechtigt. Im Sinne des Satzes von Hundertwasser:

> "ein Bewohner muß das Recht haben, sich aus seinem Fenster zu lehnen und außen an der Außenwand alles umzugestalten, so wie es ihm entspricht, soweit sein Arm reicht, damit man von weitem, von der Straße sehen kann: dort wohnt ein Mensch"

darf der Mieter die zu seinem Mietobjekt gehörige Außenfront und zwar soweit sein Arm reicht um sein Fenster herum kreativ-schöpferisch umgestalten. Der Mieter muß hiefür jedoch die Zustimmung der MA 19 (Stadtbauamt) und der Baubehörde einholen. Dem Vermieter sind die genehmigten Veränderungen anzuzeigen.

Die bei Einzug der Mieter vorgefundene Gestaltung des Hundertwasserhauses untersteht nicht dem Denkmalschutz.

Im Rahmen des "Fensterrechtes" darf der Mieter auch in die Hundertwasser-Gestaltung eingreifen und diese abändern, da diese Gestaltung nur eine Vorleistung für das Fensterrecht ist.

Bäume auf der Terrasse vor dem Wintergarten.

Trees on the balcony in front of the conservatory.

Am Fenster einer Baummietwohnung existiert ein kleiner Balkon, von dem aus ein Baum wächst. Der jeweilige Bewohner hat nun die Aufgabe, jeden Tag an einer eigens angebrachten WC-Spülung zu ziehen, damit der Baum regelmäßig Wasser bekommt. Die Idee mit der WC-Spülung stammt vom Meister selbst. Wenn man den Baum von unten betrachtet, glaubt man, er wächst aus der Wohnung. Dieser Baum ist als Zeichen für das Wohnen im Einklang mit der Natur zu verstehen. Das Wohnen im Einklang mit der Natur soll die verschiedensten Arten von Neurosen verhindern. Denn die Auswirkungen solcher Gesundheitsschäden in der Bevölkerung würden den Menschen ungleich höhere Kosten verursachen als eine menschlichere Architektur (vgl. HundertwasserHaus, Orac Verlag, Wien 1988, S. 26). ▶

„Baummieter“ sind Bäume, die aus Fenstern herauswachsen und solcherart die sterile und senkrechte Hausfläche begrünen, belauben und bewalden.

'Tree tenants' are trees that grow out of windows, thereby making the sterile, vertical building surfaces green, leafy and forested.

At the window of a 'tree-tenant' apartment, there is a small balcony upon which a tree is growing. The human tenant's job is to activate a special toilet flushing system every day so that the tree has sufficient water. The idea with the flushing system was the Master's. When looked at from below, the tree seems to grow out of the apartment. This tree must be seen as a symbol for a way of living which is in harmony with nature. Living in harmony with nature is said to prevent a wide variety of neuroses. These types of health problems would result in much higher costs than a more humane architecture (compare HundertwasserHaus, Orac Verlag, Vienna 1988, page 26). ▶

„Freie Natur muß überall dort wachsen; wo Schnee und Regen hinfallen; wo im Winter alles weiß ist, muß im Sommer alles grün sein. Was waagrecht unter freiem Himmel ist, gehört der Natur. Straßen und Dächer sollen bewaldet werden. In der Stadt muß man wieder Waldluft atmen können. Das Verhältnis Mensch – Baum muß religiöse Ausmaße annehmen. Dann wird man auch endlich den Satz verstehen: Die gerade Linie ist gottlos.“

FRIEDENSREICH HUNDERTWASSER
DÜSSELDORF 27.2.1972

Der Meister will damit zum Ausdruck bringen, daß jeder Quadratmeter, den wir Menschen der Natur durch irgendein Bauwerk wegnehmen, durch eine entsprechende Grünfläche wieder hergestellt werden muß. Der Künstler ist diesem Grundsatz bis jetzt in all seinen natur- und menschengerechteren Bauwerken treu geblieben.
Beim HundertwasserHaus liegt diese Fläche eben in Form der terrassenförmig angeordneten Dachgärten, Balkone, Baummieter und Arkaden vor.

In this quote, the Master expresses his philosophy that every square meter taken away from nature by humans for some structure or another must be replaced by an equivalent green space. The artist has remained true to this principle with all of his buildings, which create greater harmony between man and nature.
In the case of the HundertwasserHaus, the area it covers was replaced by a roof garden designed like a terrace, balconies, 'tree tenants' and arcades.

"Nature must grow undisturbed wherever rain and snow fall; whatever is white in winter must be green in summer. Whatever grows horizontally under free sky belongs to nature. Streets and roofs should become woodland. People must be able to breathe forest air in the cities again. The relationship between man and tree must take on religious dimensions. Only then will this sentence be understood: The straight line is godless."

FRIEDENSREICH HUNDERTWASSER
DUSSELDORF, 2/27/1972

Der Trampelpfad zum Terrassencafé führt über Teile eines Grabsteines! Stufen wirken nur dann gemütlich, wenn sie ausgelatscht aussehen.

Die Außenstufen des Terrassencafés sind unregelmäßig geformt. Erst durch die langjährige Benützung bekommen Gegenstände, mit denen wir leben, einen persönlichen Charakter. Die Spuren und sichtbaren Zeichen vom „Gebrauch“ eines Gegenstandes nehmen den Dingen, mit denen wir leben, ihren sterilen Charakter. Stufen wirken auf

The trail to the café leads over pieces of a gravestone! Steps seem comfortable only when they look worn down.

The outer steps of the terrace café are irregularly shaped. Only years of use can give objects in our daily lives a personal character. Marks and visible signs of 'use' erase their sterility. To Hundertwasser, steps seem comfortable only when they look worn down. After having successfully climbed the outer steps leading to the café, you will hardly believe your eyes: Parts of a gravestone have actually been worked into the café's floor!

Hundertwasser nur dann gemütlich, wenn sie „ausgelatscht" aussehen. Hat man einmal den gemütlichen Spaziergang über die Außenstufen des Kaffeehauses erfolgreich absolviert, kann man kaum glauben, was man hier sieht: in den Fußboden des Terrassencafés wurden doch tatsächlich Teile eines Grabsteines eingearbeitet!

Das Stiegenhaus

Die Wände sind analog dem Fußboden gewellt, sodaß der Eindruck eines Faltenmusters der Wände entsteht. Das Fliesenband begleitet den Wandelganggeher und Stiegensteiger wie einen Freund.

The surfaces of the walls roll in the same way as the floor, which makes them seem to have a creased pattern. The band of tiles accompanies wanderers of the hallway trails and stair-climbers like a friend.

The staircase

5. STOCK

Der Wintergarten

Der Wintergarten wird manchmal als Veranstaltungsraum für private Feste genützt. Hier ist die deutliche Bemühung sichtbar, ein Kommunikationszentrum zu schaffen. Es wurde von den Mietern auch sofort angenommen. Es gibt sogar eine Wohnung, von der aus man durch einen „Lichtdom" in den Wintergarten sehen kann. Der Wintergarten trägt ganz entschieden dazu bei, das Zusammengehörigkeitsgefühl im Haus zu wecken und dieses auch zu fördern.

Manchmal hat man im Gespräch mit Mietern das Gefühl als existiere unter ihnen eine ganz eigene, gemeinsame Philosophie, die vom Haus inspiriert wurde (vgl. HundertwasserHaus, Orac Verlag, Wien 1988, S. 52).

The winter garden

The winter garden is occasionally used for private parties. In this room, one can clearly see the efforts which have been made to create a center of communication, and the residents accepted this space immediately. You can even see into it from one apartement through a glass dome. The winter garden does a great deal to awaken and promote a sense of belonging.

At times, talking to the residents leaves the impression that they share a totally unique philosophy inspired by the house (compare HundertwasserHaus, Orac Verlag, Vienna 1988, page 52).

„Kinder müssen alle öffentlichen Wände zu ebener Erde zum Bekritzeln, Bemalen und Beritzen zur Verfügung haben so hoch ihre Hände reichen.“

FRIEDENSREICH HUNDERTWASSER
19.9.1980

Der Abenteuerraum zeigt, daß die Wünsche der Kinder bei der Planung stark berücksichtigt wurden. Der Kinderspielraum über der Eingangswölbung (Kegelgasse) ist für die Kleinsten gedacht. Im gewölbten Parkettboden wurde sogar ein Aussichtsfenster eingearbeitet. Durch die ausschließliche Verwendung von Holz ist es gelungen, eine sehr heimelige Atmosphäre im Raum zu schaffen. Kein Wunder, daß man hier die kleinen Kinder stundenlang alleine lassen kann. Der gewölbte Boden des Raumes wird von den Kindern gerne als Rutsche verwendet. Es macht sogar den Erwachsenen Spaß, ihren Kindern beim Spielen in diesem Raum zuzusehen.

Wissenschaftliche Studien, die in den Vereinigten Staaten durchgeführt wurden, haben ergeben, daß Kinder, die von viel Holz umgeben sind, in ihrem späteren Leben belastbarer sind.

"Children must be able to scribble, paint and scratch all public walls as high as their arms can reach."

FRIEDENSREICH HUNDERTWASSER, 9/19/1980

The adventure room shows that a great deal of attention was paid during planning to the desires of children. The children's playroom over the entry arch (Kegelgasse) was designed for the youngest of them. A window was even worked into the arched parquet floor. The exclusive use of wood helps to create a quite cozy atmosphere in the room; it is no surprise that children can be left alone here for hours. The children enjoy using the room's undulating floor as a slide, and even adults enjoy watching them play here.

Scientific studies performed in the United States have shown that children who grow up surrounded by wood are more resistant to stress in later life.

Mosaike, gerade Wände und unregelmäßig verflieste Badezimmer

Die Bewohner haben es Architekt Pelikan zu verdanken, daß sie ihre Wohnungen mit handelsüblichen Möbelstücken einrichten können. Die stark verbreitete Meinung, daß die Wohnungen im HundertwasserHaus keine geraden Wände haben, ist daher falsch. Die Badezimmer wurden mit verschiedenartigen Fliesen unregelmäßig gestaltet. Hier wurde Massenware verarbeitet, die einfach individuell gestaltet wurde. Es waren die Fliesenleger und andere Handwerker, die hier ihre Kreativität ausgelebt haben. Alle „Graffiti Mosaike" wurden von den Fliesenlegern erdacht und ausgeführt.

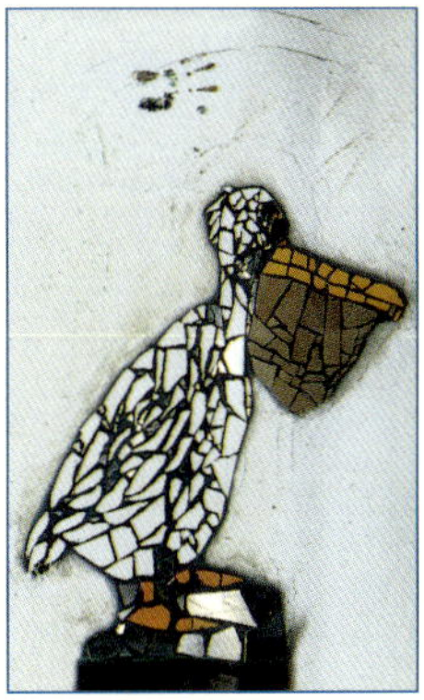

Mosaics, straight walls and irregularly tiled bathrooms

The residents have the architect Pelikan to thank for the fact that they can decorate their living spaces with conventional furniture. The commonly held belief that there are no straight walls in the apartments of the HundertwasserHaus is incorrect. The bathrooms were decorated in an irregular way with different types of tile. Mass-produced products were used in unique designs; floor tilers and other craftsmen were the ones to express their creativity in these areas. All 'graffiti mosaics' were designed and laid by the floor tilers.

Verschiedene Blumenmotive und bunte Mosaike schmücken und begrenzen auch die Autoabstellplätze in der Tiefgarage des Wohnhauses.

The parking spaces in the building's underground garage are also decorated and marked off by different motifs of flowers and colourful mosaics.

Das KunstHaus Wien

Friedensreich Hundertwasser – ein Künstler, dessen Werke bereits zu Lebzeiten in einem eigenen Museum ständig ausgestellt sind.

Das KunstHausWien, Untere Weißgerberstr. 13, eröffnet am 9. 4. 1991 nahe dem HundertwasserHaus, ist ein Privatmuseum. Eigentlich ist es aber viel mehr als ein gewöhnliches Museum. Es ist ein lebendiges Kommunikationszentrum für kunstinteressierte Menschen aus aller Welt. Das Museumsrestaurant befindet sich im Erdgeschoß.
Hier haben Kunstliebhaber die Möglichkeit, Gleichgesinnte zu treffen. Auch der Meister selbst, der die künstlerische Gestaltung geleitet hat, ist hier im Sommer manchmal anzutreffen. Der Boden des Restaurants ist uneben. Um ein Umkippen des Sessels, auf dem man gerade sitzt, zu vermeiden, kann man einen KunstHausWien-Holzkeil unterlegen und dann als kostenloses Souvenir mitnehmen.

The KunstHaus Wien

Friedensreich Hundertwasser: an artist whose works are displayed permanently in their own museum during his lifetime.

The KunstHausWien, Untere Weißgerberstr. 13, which was opened on 4/9/1991 near the HundertwasserHaus, is a private museum. As a matter of fact, it is much more than a conventional museum. It is a living center of communication for people from around the world who are interested in art. The museum's restaurant is located on the ground floor, and art lovers can come here to meet others who share their interests. Even the Master himself, who supervised the artistic design, can sometimes be seen here in the summer. The restaurant's floor is uneven. To keep your chair from tipping over, just place a KunstHausWien wooden wedge underneath it, and then take home the wedge as a free souvenir.

The shopping 'village' at the HundertwasserHaus.

This house was built around the turn of the century. Over the years, it has functioned as a post office garage, a gas station and lastly as a workshop for a tire dealership.
In 1990/91, it was turned into a shopping village according to the ideas and plans of the painter Friedensreich Hundertwasser.

Located in the center of the village square is not a church but a bar. However, this is not a bar in the traditional sense: a waterfall and a small river bed were built into the marble structure by Professor Muhr. The water from the stream seems to flow upward.

Das „Village" beim HundertwasserHaus: Ein Einkaufs-Dorf!

Erbaut wurde dieses Haus schon um die Jahrhundertwende. Es diente im Laufe der Zeit als Postgarage, als Tankstelle und zuletzt als Reifenhandelswerkstätte. In den Jahren 1990/91 wurde das Gebäude nach Ideen und Entwürfen von Maler Friedensreich Hundertwasser zum Einkaufsdorf umgebaut.

In der Mitte des Dorfplatzes steht nicht eine Kirche, sondern eine Bar. Es ist aber keine Bar im herkömmlichen Sinn, sondern es wurden von Professor Muhr in die Marmortheke ein Wasserfall und ein kleines Flußbett eingearbeitet. Das Wasser des Bächleins scheint für den Betrachter nach oben zu fließen.

HAGLEITNER

HAGLEITNER

Müllverbrennungsanlage Spittelau

Das Fernwärmewerk ist ein neues Wahrzeichen Wiens!

Auf Drängen des Landeshauptmannes und Bürgermeisters der Stadt Wien erklärte sich Hundertwasser bereit, die architektonische Neugestaltung der Müllverbrennungsanlage zu übernehmen, nachdem er sich von deren derzeit unverzichtbarer Notwendigkeit überzeugt hatte. Hundertwasser konnte mit seiner Gestaltung beweisen, daß auch Industriebauten – genauso wie Wohnbauten – ein Teil unseres Lebensraumes sind, für den wir gegenüber der Natur und den Sehnsüchten der Menschen Verantwortung übernehmen müssen.

Nach Hundertwassers Ansicht ist die optische Umweltverschmutzung durch deprimierende, aggressive und herzlose Bauten die gefährlichste Art, weil sie die Würde des Menschen und seine Seele tötet.

Spittelau garbage incineration plant

The district-heating plant is a new landmark for Vienna!

At the urging of the provincial governor and the mayor of Vienna, Hundertwasser agreed to remodel the architectural features of the garbage incineration plant after convincing himself that doing so was an absolute necessity. Hundertwasser proved with his design that industrial structures are as much a part of our living space as residential buildings and that we must assume responsibility for them with regard to nature and human needs and longings.

In Hundertwasser's opinion, optical pollution caused by depressing, aggressive and heartless buildings is the most dangerous kind, as it kills man's dignity and his soul.

Die Autobahn-Raststätte Bad Fischau.

Die Autobahn-Raststätte Bad Fischau liegt ca. 45 Kilometer südlich von Wien. Sie wurde 1990 von Hundertwasser sowohl außen als auch innen völlig umgestaltet.

Eine gelungene, bereits sehr beliebte Autobahn-Oase!

The Bad Fischau highway inn

The Bad Fischau highway inn is located approximately 45 km south of Vienna. Both its interior and exterior were completely reconstructed by Hundertwasser in 1990.

A successful project and already a popular highway oasis!

Stadtplatz Zwettl im Waldviertel

Hundertwasser liebte schon immer das Waldviertel. Seine Kunstkartenserie mit dem Namen „Waldviertel" und nun auch die Brunnenanlage auf dem Hauptplatz von Zwettl bestätigen das.
Die „dunkelbunte" Farbgebung der Fliesen paßt hervorragend zur Landschaft und zur Kulturgeschichte des Waldviertels. Hundertwasser stellt mit den schönsten Rot- und Blautönen eine Verbindung zum böhmischen Element her, die als Überleitung zum Volk jenseits der Grenzen Österreichs verstanden werden sollen.
Auf dem Dach der Brunnenanlage hat der Meister eine Rotbuche, eine Weißbuche, eine Linde und einen exotischen Ginkgobaum pflanzen lassen. Sollten wir Menschen unsere exotischen Artgenossen nicht ebenso in unserer Umgebung „wachsen" lassen?
Friedensreich Hundertwasser ist es mit der Errichtung des Brunnens im Jahre 1994 wieder einmal mehr gelungen, einen Ort der Begegnung und der Kommunikation für die Menschen zu schaffen. Ein Ausflug nach Zwettl lohnt sich nun nicht nur wegen des weltbekannten Stiftes!

The Zwettl town square in the Waldviertel

Hundertwasser has always loved the Waldviertel. His series of art postcards entitled 'Waldviertel' and the fountain on the town's main square are proof of this fact.
The tiles' dark colors harmonize ideally with the landscape and cultural history of the Waldviertel. Hundertwasser used

the most beautiful shades of red and blue to create a link with the Bohemian element, thereby symbolizing a bridge to the people on the other side of the border.
The Master had a red beech, a hornbeam, a linden and an exotic gingko planted on the fountain's roof. Should not we humans let our exotic fellow men grow alongside us?
With the construction of this fountain in 1994, Friedensreich Hundertwasser was again successful in creating a center for people to come together and to communicate. Now there is one more reason to take a trip to Zwettl!

IHS

Die St.Barbara Kirche von Bärnbach in der West-Steiermark.

Errichtet wurde die St.Barbara Kirche in Bärnbach bereits in den Jahren 1948 bis 1957. Hundertwasser gestaltete sie in den Jahren 1987/88 um. Ein Rundgang um die Kirche führt die Besucher der Heiligen Messe und die interessierten Touristen durch Tore mit Symbolen aus Mosaiksteinen und Keramik, die allesamt für eine bestimmte Glaubensrichtung stehen. Man findet den Stern der Juden genauso wie das Kreuz der Christen, den Halbmond des Islams wie das Ying-Yang des Schintoismus. Wahrscheinlich möchte Meister Hundertwasser damit zum Ausdruck bringen, daß Gott für alle Menschen da ist, ganz gleich in welcher Glaubensform sie mit ihm kommunizieren.

The Church of St. Barbara in Bärnbach in western Styria

The Church of St. Barbara was built over the years from 1948 to 1957 and reconstructed by Hundertwasser in 1987/88. A stroll around the church will take both the worshipper going to Holy Mass and interested tourists through gateways decorated with symbols of mosaic stones and ceramic fragments, all of which represent a particular religion. One can find the Star of David and the cross of Christianity, the crescent of Islam and Shinto's yin and yang. Master Hundertwasser probably intended to express the idea that God is there for all people, regardless of the faith they use to communicate with Him.

Eine Botschaft für die gesamte Welt!

„Wenn die Grenze zwischen Erde und Himmel, quasi der Übergang von Mensch zu Gott, ermordet ist durchs Lineal, so sind auch alle Brücken abgebrochen zwischen den Menschen und Höherem.“

FRIEDENSREICH HUNDERTWASSER

Die schnurgerade, tote Skyline ist ein unrühmliches Erbe der üblichen Bauweisen. Zwischen dem geraden Boden und der geraden Skyline wird der Mensch erdrückt. Damit hat der Meister ein architektonisches Notsignal gesetzt, das zum Überdenken unserer heutigen, seelenlosen Architektur aufruft.

Hundertwasser hat ein Haus geschaffen, in dem die Natur und der Mensch einander begegnen. Es bleibt zu hoffen, daß die Botschaft, die in diesem Haus steckt, von der gesamten Welt verstanden und aufgenommen wird. Und zwar als Beispiel für eine bessere und menschengerechtere Architektur, in Harmonie mit der Natur und der Kreativität des Menschen.

A message for the entire world!

"When the border between heaven and earth, the bridge, so to speak, between man and God is killed by the straight edge, all that links man to higher things will be destroyed."

FRIEDENSREICH HUNDERTWASSER

The perfectly straight, dead skyline is the unfortunate inheritance of common construction methods. Man is crushed between the flat floor and the straight skyline. The Master has sent out an architectural SOS calling for a rethinking of today's soulless architecture.

Hundertwasser has built a house in which man and nature can come together. We can only hope that the message contained in this house is understood and accepted by the entire world as an example of a better and more appropriate architecture which is in harmony with nature and human creativity.

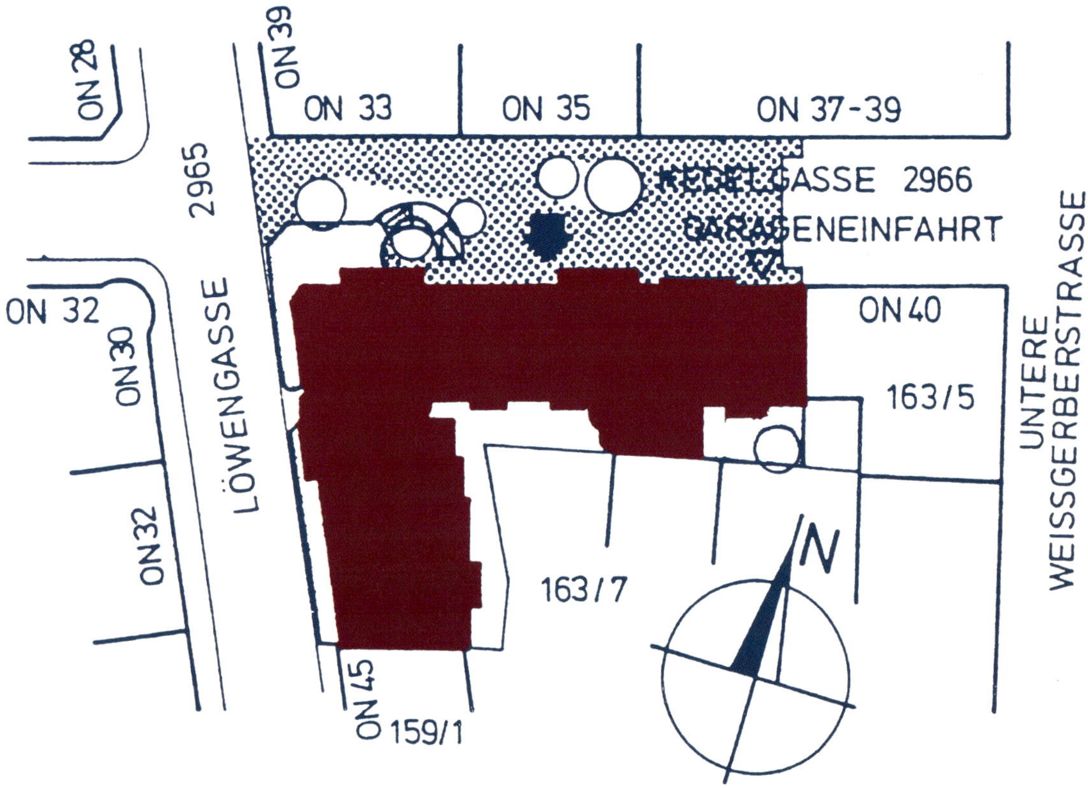

LAGEPLAN M 1:1000

Information on the HundertwasserHaus

Owner	City of Vienna
Idea and design	Friedensreich Hundertwasser
Architect	Peter Pelikan
Structural calculation	Bernd Pfister
Construction costs	approx. ATS 80 million
Period of construction	8/16/83 – 10/15/85
Opening	3/1/86
Built-up area	1092 m^2
Number of apartments	52 + 5 shops
Living space	3784 m^2 (approx. 19 m^2 per person)
Floor space of shops	292.14 m^2
Apartment size	30 m^2 to 150 m^2
Percentage of small apartments	approx. 30%
Rent	ATS 55.–/m^2 (1995)
No. of residents	approx. 200
Common areas	2 children's playrooms (50 m^2 each) winter garden (approx. 70 m^2)
No. of roof terraces	16 private, 3 public
Total area of terraces	approx. 1000 m^2
Weight of earth on terraces	900 metric tons
Number of trees/bushes	250

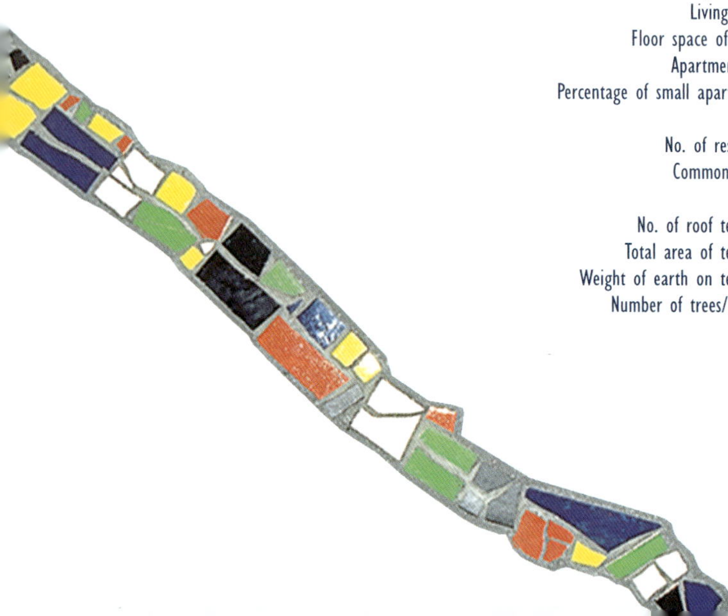

Datenblatt zum HundertwasserHaus

Hauseigentümer	Die Stadt Wien
Idee und Gestaltung	Friedensreich Hundertwasser
Architekt	Dipl.-Ing. Peter Pelikan
Statik	Dipl.-Ing. Bernd Pfister
Baukosten	ca. 80 Mio öS
Bauzeit	16.8.1983 – 15.10.1985
Eröffnung	01.03.1986
Verbaute Grundfläche	1092 m^2
Anzahl der Wohnungen	52 + 5 Geschäfte
Reine Wohnfläche	3784 m^2 (ca. 19 m^2 pro Person)
Fläche der Lokale	292,14 m^2
Wohnungsgrößen	zw. 30 m^2 und 150 m^2
Anteil der Kleinwohnungen	ca. 30 %
Wohnungsmiete	öS 55,–/m^2 (1995)
Hausbewohner	ca. 200
Gemeinschaftsräume	2 Kinderspielräume (je 50 m^2) Wintergarten (ca. 70 m^2)
Anzahl der Dachterrassen	16 privat + 3 gemeinschaftlich
Gesamtfläche der Terrassen	ca. 1000 m^2
Erde auf den Terrassen	900 Tonnen
Anzahl der Bäume/Sträucher	250

Fotos/Photographs: Ing.Harald Böhm
Text und Inhalt / Text and contents: Peter M.Böhm
Mit freundlicher Unterstützung und Genehmigung des Hundertwasser-Managers Joram Harel.
With the kind support and permission of the Hundertwasser manager Joram Harel.
Übersetzung/Translation: Creativ Translation Wien
Graphic design: Helmut Kollars
ISBN: 3-9500451-0-4